Prépare-toi pour le
MILLÉNAIRE

Texte français de
Ann Love et Jane Drake

Illustrations de
Bill Slavin

Texte français de Lucie Duchesne

Les éditions Scholastic

Pour Jim et David

REMERCIEMENTS

Mme Anissa Bachir; Kathleen et Henry Barnett; Neil Beatty; Julie Booker; Paulette Bourgeois; Trish Books; Becky Cheung; Heather Collins; Consumers Glass; Jane Crist; Cynthia Dahl; Matthew Dewar; Jim, Stephanie, Brian et Madeline Drake; Ruth et Charlie Drake; Cindy et Tom Drake; Liivi Georgievski; Wendy Le Grand; Linda Granfield; Bart Hall; Mryka et Ethan Hall-Bayer; Christine Hedden; Terry Horgan; Mandy Kan; le Dr John Kaufmann; Bob Lank; Sue Leppington; Ed Leslie; Claire Levy-Freedman; David, Melanie, Jennifer et Adrian Love; Donna O'Connor; Neil Packham; le Conseil de recyclage du Canada; Wendy Reifel; Hilary Robinson; Mike Robson; George Sheridan; Kim Tanaka; le Dr et Mme Tashiro; Mary Thompson; Jane Tsui; Becky Worsley; Bernie Yeung; Keith Yoon.

Nous désirons également remercier Val Wyatt, qui nous a apporté son grand savoir, ainsi que Valerie Hussey, Ricky Englander et le personnel de Kids Can Press.

Données de catalogage avant publication (Canada)

Love, Ann
    Prépare-toi pour le millénaire
Traduction de : The kids guide to the millenium.
ISBN 0-439-00452-7

1. Fêtes de l'an 2000 - Ouvrages pour la jeunesse.
2. Chronologie historique - Ouvrages pour la jeunesse.
I. Drake, Jane. II. Slavin, Bill. III. Duchesne, Lucie. IV. Titre.

CB429.L6814 1998 j394.269'05 C98-932501-6

De nombreuses désignations utilisées par les fabricants et les commerçants en vue de différencier leurs produits sont revendiquées comme étant marques de commerce. Si l'éditeur connaissait le droit de marque de commerce, les désignations apparaissant dans ce livre sont imprimées avec des lettres initiales en majuscules (ex : Supercarte).

Ni l'éditeur ni l'auteur ne pourront être tenus responsables de tout dommage causé par ou résultant de l'exécution de toute activité de ce livre, soit pour ne pas avoir suivi correctement les instructions, ou pour avoir exécuté les activités sans surveillance appropriée, ou pour avoir ignoré les mises en garde contenues dans le texte.

Conception graphique de Marie Bartholomew et Esperança Melo

Édition publiée par Les éditions Scholastic, 175, Hillmount Road, Markham (Ontario) L6C 1Z7, avec la permission de Kids Can Press Ltd.

5 4 3 2 1   Imprimé au Canada   9 / 9 0 1 2

TABLE DES MATIÈRES

Un nouveau millénaire **4**

Le compte à rebours **6**

Les millénnogrammes **8**

Joyeux millénaire! **10**

À table **12**

2000 choses à faire à la veille de l'an 2000 **14**

Miniglobe du millénaire **16**

Toujours à l'ouest **18**

Le 1er janvier 2000 - Cher journal **20**

Moi en l'an 2000 **22**

Ma famille en l'an 2000 **24**

Un T-shirt du millénaire **26**

Ton record de l'an 2000 **28**

Un fossile pour l'avenir **30**

Mesurer le temps **32**

Pas à pas **34**

Une journée ordinaire **36**

De 1999 à 2000 **38**

Un sandwich antique **40**

Combien ça vaut? **42**

Des jeux anciens **44**

La musique du millénaire **46**

L'histoire d'une poubelle **48**

À pied dans le temps **50**

Nouveau et amélioré **52**

Dans l'avenir **54**

Prédis ton avenir **56**

Une cyberfête **58**

Des cadeaux de l'avenir **60**

Ton cadeau pour l'avenir **62**

Index **64**

Ouille! un nouveau millénaire!

UN NOUVEAU MILLÉNAIRE

Les décennies sont des périodes de 10 ans, les siècles durent 100 ans, et un millénaire n'arrive que tous les 1 000 ans.

Le troisième millénaire de notre calendrier commencera le 1er janvier 2000. Comment fêteras-tu l'événement? Tu trouveras dans ce livre une foule d'idées amusantes, farfelues et intéressantes. Joins-toi à tous les enfants du monde entier pour célébrer le nouveau millénaire. En feuilletant ce livre, n'oublie pas de consulter le calendrier qui commence à la page 5. Il s'en est passé des choses, en 2 000 ans!

Invitation pour une fête du nouveau millénaire
Date : le 1er janvier 2000
Lieu : n'importe où sur la Terre!

4

Est-ce vraiment l'an 2000?

Les gens ont trouvé toutes sortes de façons de mesurer le temps : les semaines, les mois, les années... Celle que nous utilisons vient du début de l'ère chrétienne. Les premiers chrétiens utilisaient l'expression «après Jésus-Christ» pour les années suivant la naissance de Jésus et «avant Jésus-Christ» pour les années précédant sa naissance. Donc l'an 2000 signifie que Jésus est né il y a 2 000 ans.

Mais à l'époque, les gens ont commencé à 1, oubliant donc que la première année était l'année zéro (par exemple, quand tu nais, tu n'as pas 1 an!). Donc, pour obtenir 2 000 ans, il faut se rendre en 2 001. Va-t-on fêter un an trop tôt?

CALENDRIER

AN 1

La population de la planète atteint 170 millions de personnes. À la page 63, tu trouveras combien nous serons en 2000.

5
Chine
Une légende dit que Ko Yu a inventé la brouette.

20
Rome
Une nouvelle épice venant de l'Inde, le poivre, devient populaire.

50
Chine
On sert des nouilles pour la première fois.

50
Rome
Invention des fers à cheval.

80
Rome
Le Colisée ouvre ses portes; on y assiste à des courses de chars et à des combats de gladiateurs.

LE COMPTE À REBOURS

Comptes-tu les jours qui te séparent du 1ᵉʳ janvier 2000? Pour passer le temps, prépare un calendrier à rebours.

IL TE FAUT

1 petit carré de carton de 5 cm de côté

2 morceaux de carton blanc de 21 cm sur 35 cm

un crayon

un couteau de dessinateur

des crayons de couleur ou des craies de cire

des trombones

de la colle

1. Place le petit carré de carton sur l'un des grands morceaux de carton blanc et trace au crayon le contour de 3 des côtés, tel qu'illustré.

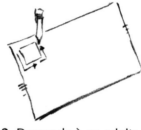

2. Demande à un adulte de t'aider à couper le carton le long des 3 côtés. Plie le rabat le long du pointillé pour fabriquer une petite fenêtre.

3. Coupe 11 autres petites fenêtres.

4. Fais un dessin sur le carton, et n'hésite pas à dessiner par-dessus les fenêtres.

5. Place l'autre morceau de carton sous celui qui a des fenêtres. Maintiens-le en place avec les trombones. Ouvre toutes les fenêtres et, au crayon, traces-en le contour sur le carton du dessous.

6. Fais un dessin à l'intérieur de chaque carré du carton du dessous. Tu peux dessiner 12 inventions du passé qui te sont indispensables, tes 12 grands rêves pour l'avenir ou encore tout ce qui te passe par la tête.

7. Mets de la colle tout le long des côtés du carton du dessous. Place ensuite celui du dessus, de sorte que le dessin soit face à toi.

8. Ouvre une fenêtre le dernier jour de janvier 1999, une autre le dernier jour de février 1999, etc. La dernière fenêtre sera prête à ouvrir la veille du prochain millénaire.

100
Chine
On utilise pour la première fois un gouvernail pour les bateaux.

105
Chine
Tsai Lun fabrique du papier avec de l'eau et des chiffons.

110
Mexique
Le chocolat devient une boisson populaire.

132
Chine
Le premier détecteur de tremblements de terre indique la direction de l'épicentre (la source) d'un tremblement de terre.

180
Rome
Galène écrit un livre sur le corps humain, après une carrière consacrée au traitement des gladiateurs blessés.

200
Italie
Une nouveauté : il y a maintenant des chaussures différentes pour le pied gauche et le pied droit.

LES MILLÉNNOGRAMMES

Pssst! Le nouveau millénaire s'en vient. Parles-en autour de toi. Mais oublie les appels téléphoniques et le courrier électronique. Voici des idées bien plus amusantes

BIZARRE!

Qu'est-ce qui est arrondi, brun et muet comme une carpe? Une noix de Grenoble qui conserve un secret. Essaie, pour voir.

IL TE FAUT

des noix de Grenoble

un casse-noix

une petite fourchette

du papier et un stylo

de la colle blanche

1. Avec le casse-noix, ouvre plusieurs noix de Grenoble. Il te faudra peut-être quelques essais avant de réussir sans les briser.

2. Retire l'intérieur de la noix avec tes doigts ou une petite fourchette.

3. Rédige des vœux du millénaire sur une bande de papier que tu mettras dans une demi-écale vide.

4. Mets de la colle sur le tour de la demi-écale et place l'autre moitié par-dessus pour les sceller. Tu peux en préparer plusieurs, que tu donneras en cadeau.

QUE DIRE?

Voici des idées de messages pour fêter le millénaire. Mais n'hésite pas à faire aller ton imagination!

- D'un millénaire à l'autre, tu es plus drôle!

- On se voit au prochain millénaire?

- Je te souhaite 2 000 surprises!

- Ce coupon est échangeable contre 2 000 secondes de conversation avec moi.

C'EST LA JOIE!

Si tu as accès à un ordinateur et au courrier électronique, ou courriel, tu peux aussi envoyer tes vœux du millénaire de façon très moderne!

Tu peux y ajouter des dessins, ou même des photos (si tu as un CD-ROM et le logiciel nécessaire).

Ajoute un «bonhomme sourire» à ton message. En courriel, un bonhomme sourire est fait de signes de ponctuation qu'on lit sur le côté. Il sert à exprimer des émotions. Par exemple, :-) signifie un sourire et :-D signifie un éclat de rire.

Il existe des sites Internet où tu pourras trouver une foule de bonshommes sourire... qui ne sourient pas toujours! Par exemple, :-(signifie la tristesse, :-[indique une moue, :-o indique l'étonnement et |-O, un bâillement. Tu peux créer un message codé comme celui-ci : «Je t'envoie un :* et je t'offre mon (::()::) pour décoder ce message.»

Il y a 1 000 ans, des moines européens ont inventé le premier bonhomme sourire : le point d'exclamation! À la fin d'une phrase importante, les moines ajoutaient un tout petit «o» au lieu du point et, par-dessus, un «I» inversé. Cela signifiait «oi», ou «joie» en grec.

200
Nord de l'Europe
Des gens fixent des tibias d'animaux sous leur bottes : ce sont les premiers patins à glace.

247
Rome
On déclare que cette ville a 1 000 ans. Des célébrations du premier millénaire ont lieu.

256
Syrie
On utilise les techniques du tricot et du crochet pour fabriquer les premières paires de chaussettes.

270
Rome
Saint Valentin est condamné à mort pour avoir marié de jeunes amoureux contre la volonté de l'empereur.

285
Égypte
Des machines comprenant des leviers, des vis, des poulies, des coins et des roues dentées sont utilisées pour faciliter les travaux.

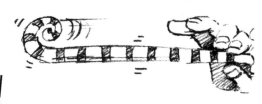

JOYEUX MILLÉNAIRE!

Si tu penses que le jour de l'an est une journée spéciale, imagine un jour de l'an qui n'arrive qu'une fois par mille ans. Pour le célébrer, organise une fête... bien spéciale.

DES DÉCORATIONS MMMERVEILLEUSES

Pour écrire 2 000, les Romains utilisaient MM. Utilise le double M comme thème de ta fête. Commence par fabriquer des banderoles de M à suspendre dans la pièce.

IL TE FAUT

un carré de papier fort coloré de 18 cm de côté

un crayon

des ciseaux

du ruban adhésif transparent

1. Plie le papier en deux, puis encore en deux. Tu obtiendras ceci :

2. Dessine un M majuscule au bas du papier plié. Découpe-le.

3. Ouvre le M découpé pour obtenir une chaîne de M. Fabriques-en plusieurs, fixe-les avec du ruban adhésif pour faire une banderole. Tu peux aussi découper une bande de papier fort de 5 cm de large. Avec du ruban adhésif, fixe des chaînes de M au haut de la bande : tu as ta couronne du millénaire.

MIRLITONS

Pour souligner l'arrivée de la nouvelle année, on fait sonner des cloches, on souffle dans des trompettes et on frappe sur des casseroles. Pourquoi? Il y a longtemps, on croyait que le bruit chassait les mauvais esprits et les empêchait d'entrer dans la nouvelle année. Poursuis cette tradition en fabriquant ce mirliton.

IL TE FAUT

5 cm de ruban adhésif transparent

10 à 15 serpentins ou glaçons métalliques, ou de fines bandes de papier de soie de 15 cm de long

une grosse paille

des ciseaux

1. Place le ruban adhésif sur une surface plane, le côté collant vers le haut. Répartis les serpentins à distance égale, sur le ruban.

2. Enroule le ruban autour d'une extrémité de la paille, pour que les serpentins pendent à ce bout.

3. Aplatis l'autre extrémité de la paille et, avec les ciseaux, coupe les coins. Souffle dans cette extrémité de la paille.

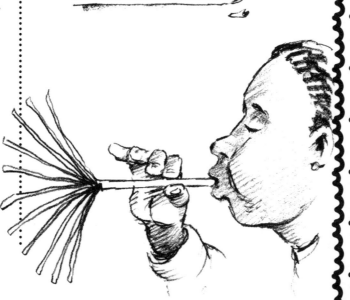

300
Turquie
On utilise des fourchettes pour la première fois.

330
Amérique centrale
Les Mayas sont les premiers à utiliser le zéro dans leurs calculs.

350
Inde
Les premiers hôpitaux pour les gens ordinaires ouvrent.

360
Europe
Les livres commencent à remplacer les manuscrits en rouleaux.

393
Rome
Le pantalon est interdit : les hommes doivent porter des jupes.

395
Égypte
La Grecque Hypathie est la première femme à enseigner à l'université, à Alexandrie.

À TABLE!

La première nuit de l'an 2000 doit être célébrée par autre chose que des hot dogs dans des assiettes de carton. Recule dans le temps et prépare des repas que les gens mangeaient il y a 1 000 ou 2 000 ans.

Il y a mille ans, les Mayas et les Aztèques d'Amérique centrale et d'Amérique du Sud mangeaient des aliments qui n'étaient pas connus dans le reste du monde. Fais comme eux et remplis des tortillas de maïs avec un mélange de grains de maïs cuits, de piments et de poivrons, de courges, de pommes de terre et de tomates. Termine ton repas par un dessert au chocolat. Il y a 1 000 ans, tous ces aliments (y compris le chocolat) ne se trouvaient qu'en Amérique centrale et en Amérique du Sud.

Maintenant, prépare un repas comme en mangeaient les Romains il y a 2 000 ans : des raisins, des olives, des cornichons, du jambon, des huîtres, du brochet, de la chèvre, des asperges sauvages, des œufs, des poires, des pommes et du pain couvert de graines de pavot.

DES LUMIÈRES DE BIENVENUE

Illumine le chemin jusqu'à l'endroit où aura lieu ta fête avec des bougies dans des sacs de papier.

IL TE FAUT

de petits sacs bruns à fond plat

du sable

des bougies d'au moins 10 cm de haut

des allumettes

1. Replie le haut de chaque sac.

2. Humecte un peu de sable avec de l'eau et mets-en de 10 à 15 cm dans chaque sac.

3. Place les sacs le long du chemin jusque chez toi. Place une bougie bien solidement au centre de chaque sac et demande à un adulte d'allumer les bougies. Ces lumières de bienvenue feront un chemin lumineux jusque chez toi. (Tu peux les réutiliser : tu n'as qu'à humecter le sable chaque fois avant de les utiliser.)

4. Il y a trop de neige pour les bougies dans des sacs? Creuse un trou dans un banc de neige pas trop tassée et mets une bougie dedans. Enfonce-la assez pour qu'on ne la voie pas de l'extérieur. Allume la bougie avec une longue allumette de bois. Et voilà : la neige luit!

400
Mexique
Les Mayas jouaient à un jeu comme le soccer, utilisant des genouillères et des coudières ainsi qu'une balle de caoutchouc dur.

409
Chine
Le parapluie est inventé.

433
Allemagne
Attila devient le chef des Huns. Sous son règne, les Huns ont conquis le centre de l'Europe.

450
Pérou
On utilise les tubas, les tambours, les flûtes et les clairons.

490
France
Une horloge appelée clepsydre utilise de l'eau s'écoulant dans un contenant gradué, pour mesurer le temps.

2 000 CHOSES À FAIRE À LA VEILLE DE L'AN 2000

Transforme le passage vers le nouveau millénaire avec ces jeux de l'an 2000. Si tu y joues pendant 2 000 secondes, tu seras 33,33 minutes plus près de l'an 2000.

UN SUR 2 000

Ta petite monnaie peut devenir un jeu des 2 000. Ramasse 2 000 pièces de 1 ¢. Une doit avoir été émise en 1999 et les autres pendant les années précédentes. Étale les pièces sur une table.

Avec tes amis, essayez à tour de rôle de voir qui repérera le plus rapidement la pièce de 1999.

Si tu n'as pas de monnaie, tu as peut-être une grosse collection de capsules de bouteilles :

inscris MM (en tout petit) et fais le même jeu qu'avec les pièces. Tu peux jouer avec n'importe quoi : 2 000 arachides non écalées, 2 000 boutons ou 2 000 billes. Tu n'as qu'à inscrire MM sur un des objets.

LE PIRE ET LE MEILLEUR

En 2000, les stations de radio vont faire une liste des 2 000 meilleures chansons de tous les temps, et les magazines éliront l'homme ou la femme du millénaire. Toi aussi, tu peux faire une liste du meilleur... et aussi du pire. Pense aux dix meilleurs ou pires de chacune de ces catégories :

* musiciens
* inventions
* gens admirables
* gens détestables
* catastrophes
* explorateurs
* athlètes
* films

Compare ta liste à celle de tes amis ou de ta famille.

FAIS TA VALISE

Qu'est-ce que tu prévois, pour l'avenir? Fais des projets pour l'an 2000 en jouant à ce jeu.

Les participants s'assoient en cercle et le plus jeune commence en disant : «Je fais ma valise pour l'an 2000 et j'y mets la paix dans le monde.» Le deuxième plus jeune dit : «Je fais ma valise pour l'an 2000, j'y mets la paix dans le monde et des bonbons.» Vous continuez jusqu'à ce que la valise soit si pleine que personne ne se souvient plus de tout ce qu'elle contient.

Tu peux aussi jouer de la façon inverse : «Je fais ma valise pour l'an 2000 et je n'y mets pas... » : le sida, la pollution, la violence, la vaisselle à laver, la cigarette, la guerre...

500
Afrique de l'Ouest
Une caravane de chameaux transporte de l'or et du sel vers l'Afrique du Nord.

525
Rome
On crée un calendrier qui numérote les années à partir de la naissance de Jésus.

541
Turquie
La peste bubonique tue près de 10 000 personnes par jour.

548
Turquie
Mort de l'impératrice Théodora, très puissante au sein du gouvernement.

550
Angleterre
Le roi Arthur (de la légende des Chevaliers de la Table ronde) meurt.

570
Arabie
À La Mecque, naissance du prophète Mahomet.

MINIGLOBE DU MILLÉNAIRE

Fabrique un miniglobe pour décorer ta chambre et suis le millénaire au fur et à mesure qu'il rejoint les parties du monde.

IL TE FAUT

un gros ballon rond

du papier journal

un mélange de farine et d'eau

un atlas

de la gouache

un pinceau

1 m de ficelle solide

1. Gonfle le ballon et noue l'embouchure. Ce sera le pôle Nord de ton globe.

2. Déchire le papier journal en bandes de 5 cm de long. Trempe les bandes dans le mélange de farine et d'eau; retire l'excédent. Couvre complètement le ballon d'une couche de bandes de papier, tel qu'illustré.

3. Ajoute une deuxième couche de bandes de papier et laisse le globe sécher.

4. En te guidant sur l'atlas, peins les continents et les océans. Trace la ligne de la date internationale et mets une étoile à l'endroit où tu vis.

5. Noue la ficelle autour de l'embouchure de ton miniglobe et suspends-le.

Suis le millénaire

Si tu veux être la première personne sur Terre à voir l'aube du nouveau millénaire, cherche la ligne de changement de date. Cette ligne imaginaire va du pôle Nord au pôle Sud et traverse l'océan Pacifique. À l'est de la ligne, par exemple, c'est dimanche et à l'ouest, c'est lundi.

Le millénaire commencera premièrement sur cette ligne. Mais les premiers pays à voir le lever du soleil le 1er janvier 2000 seront les îles du Pacifique Tonga, Wallis Island, Fidji et Tuvalu. Ces îles seront les premières parce qu'elles sont près du tropique du Capricorne, la partie de la Terre la plus proche du Soleil. La plupart des endroits plus au nord le long de la ligne seront encore dans le noir.

Le nouveau millénaire progressera vers l'ouest tout autour du globe, la Nouvelle-Zélande accueillant l'an 2000 avant l'Australie, le Japon, la Chine, l'Inde, etc. au fur et à mesure que la Terre tourne. Finalement, le Soleil se lèvera sur les îles hawaïennes les plus à l'ouest.

Où seras-tu lorsque l'an 2000 commencera? Regarde les fuseaux horaires du monde et calcule l'heure qu'il sera à l'endroit où tu habites lorsque le Soleil se lèvera sur la ligne de la date internationale, dans le Pacifique.

Inde

Le jeu d'échecs est inventé.

Amérique centrale

Les Mayas fabriquent de fausses dents avec des coquillages.

607

Japon

Le temple et l'hôpital Hōryū-ji sont construits en bois et existent encore.

Inde

Le point décimal commence à être utilisé en mathématiques.

651

Arabie

Le Coran, le livre sacré de la religion islamique, est écrit.

Angleterre

On commence à installer des fenêtres en verre dans les églises.

TOUJOURS À L'OUEST

Trouve de nouveaux correspondants en envoyant tes vœux du millénaire à des enfants du monde entier. Envoie une courte lettre à quelqu'un qui vit à l'ouest de chez toi. Demande à cette personne d'ajouter quelque chose à la lettre et de l'envoyer à un ami qui habite encore plus à l'ouest. Après avoir zigzagué autour du monde, la lettre devrait te revenir.

Indique la date et ton adresse complète.

Le 1er janvier 2000
Un message de Stéphanie Legault
123, rue du Golfe
Anse-aux Grues
Québec
Canada G2G 1G1

Salut, Samuel,
Pour célébrer l'an 2000, j'envoie une lettre vers l'ouest, la direction dans laquelle le temps se déplace. S'il te plaît, recopie la lettre en inscrivant mon nom et mon adresse en haut, donne au dernier paragraphe des informations à ton sujet et envoie la nouvelle lettre à quelqu'un qui habite à l'ouest de chez toi. On va voir si la lettre va faire le tour du monde pendant l'année du millénaire. La personne qui aura la lettre le 31 décembre 2000 devrait me la renvoyer.
Où j'habite, au bord de la mer, les enfants se baignent tout l'été. J'ai 12 ans et j'aime bien jouer au soccer.

Stéphanie Legault

Salue ton correspondant.

Explique brièvement pourquoi tu envoies la lettre. Dis au destinataire d'ajouter son nom, son adresse, un message et demande-lui d'envoyer la lettre à quelqu'un qui habite plus à l'ouest.

Inclus quelques renseignements personnels.

Quelques trucs

• Utilise un langage simple — ta lettre devra peut-être être traduite.

• Ajoute une photo de toi, si tu veux.

• Lorsque la lettre te revient, photocopie-la et envoie-la à tous les participants, pour qu'ils voient où la lettre a voyagé.

Le 2 novembre 2000
10, rue des Hibiscus
Toowoomba, Queensland 4352
Australie

Salut Julie,

Pour nos vacances d'été (qui tombent pendant ton hiver), nous allons au bord de la mer et nous organisons une immense fête pour célébrer le nouveau millénaire. J'apporte mon snorkel et mon masque de plongée. J'espère qu'il n'y aura pas trop de méduses!

À bientôt,

Anna

700
Europe
Les œufs sont utilisés pour la première fois pour célébrer Pâques.

711
Espagne
Le luth et le rebec (un ancêtre du violon), inventés par les Arabes, font leur apparition en Europe.

748
Chine
Le premier journal est imprimé.

778
Angleterre
Une pièce d'argent est frappée et s'appelle le penny.

789
France
Le roi Charlemagne utilise son pied comme unité de longueur. Le pied est encore utilisé aujourd'hui aux États-Unis et dans quelques autres pays.

791
Maroc
L'imam Idris est assassiné par un cure-dent empoisonné.

LE 1ᴱᴿ JANVIER 2000
CHER JOURNAL

Imagine qu'un historien du futur tombe sur ton journal intime. Il pourrait apprendre beaucoup sur le monde à partir de ce que tu as écrit. Évidemment, il faut écrire ce journal intime. Pourquoi ne pas commencer le premier jour du nouveau millénaire? Voici quelques trucs pour t'aider.

- Choisis un moment où tu écris, comme avant de te coucher ou après le souper. Essaie d'écrire au moins trois fois par semaine.

- Pour la confidentialité, utilise un journal qui a une serrure ou cache ton journal. Utilise des mots de code pour déjouer les espions.

- Donne un nom à ton journal : tu auras l'impression d'écrire à une personne.

- Écris au sujet de choses qui t'intéressent. Si tu aimes les films, écris à ce sujet.

- Écris au sujet de tes sentiments. Dans l'avenir, tu aimeras savoir ce que tu ressentais et ce qui est arrivé.

ANCIENS JOURNAUX

Les anciens journaux intimes, les journaux et les chroniques nous en disent beaucoup sur la vie dans le passé. Il y a 1 000 ans, des moines en Angleterre tenaient un registre de tous les événements. En 995, on y lit qu'une «étoile à la longue chevelure» était apparue dans le ciel. Les moines avaient vu une comète.

Trois cents ans plus tard, Marco Polo s'est rendu en Chine. Grâce à ses journaux de voyage, les Européens ont appris que les Chinois utilisaient le papier monnaie, les pompiers, le charbon, la boussole et beaucoup d'autres inventions.

Les journaux de l'avenir

**À quoi ressemblera le monde le 31 décembre 2999?
Inscris tes idées comme si tu tenais un journal.**

Le 31 décembre 2999

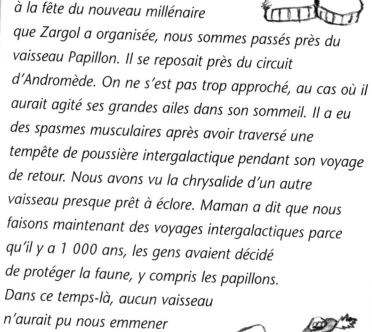

Cher journal,

*Aujourd'hui, nous en allant
à la fête du nouveau millénaire
que Zargol a organisée, nous sommes passés près du
vaisseau Papillon. Il se reposait près du circuit
d'Andromède. On ne s'est pas trop approché, au cas où il
aurait agité ses grandes ailes dans son sommeil. Il a eu
des spasmes musculaires après avoir traversé une
tempête de poussière intergalactique pendant son voyage
de retour. Nous avons vu la chrysalide d'un autre
vaisseau presque prêt à éclore. Maman a dit que nous
faisons maintenant des voyages intergalactiques parce
qu'il y a 1 000 ans, les gens avaient décidé
de protéger la faune, y compris les papillons.
Dans ce temps-là, aucun vaisseau
n'aurait pu nous emmener
aussi loin.*

Scandinavie

Les Vikings construisaient des drakkars, de longs bateaux pouvant transporter 30 guerriers même par mauvais temps.

Europe

Les premiers rosiers sont plantés.

Espagne

Le premier salon de coiffure et de beauté public ouvre ses portes.

Chine

Des avertissements recommandent de ne pas réaliser une nouvelle invention dangereuse, la poudre à canon.

Chine

Un livre sur le bouddhisme est imprimé. C'est le plus ancien livre imprimé qui existe encore.

France

Les Vikings remontent la Seine et envahissent Paris.

MOI EN L'AN 2000

Fais de ton anniversaire en 2000 un événement bien spécial en conservant des objets qui te décrivent. En voici quelques exemples.

À ton anniversaire dans 10 ou 20 ans, lorsque tu ouvriras ta capsule témoin, tu verras si tu as beaucoup changé ou non.

- Une photo de toi prise à ton anniversaire en 2000. Inscris au verso ta taille et ton poids. _____

- L'invitation à ta fête d'anniversaire. _____

- Les manchettes ou la liste des émissions de télévision du jour de ton anniversaire en 2000.

- Une photo de famille ou de ton équipe de sports.

- Le talon d'un billet de cinéma, de concert, ou d'un match récent.

- L'empreinte de ton pied.

- Une mèche de tes cheveux.

- Un de tes vêtements préféré

EXPRESS

- Place tous les articles dans un sac de plastique, fais sortir l'air et scelle le sac avec du ruban adhésif

- Place le sac dans un contenant de métal ou de plastique avec un couvercle qui ferme hermétiquement.

Les capsules témoins du passé

Une capsule témoin conserve des objets prélevés à un moment bien précis pour les générations à venir. Les archéologues aiment trouver des capsules témoins anciennes parce qu'elles nous en apprennent beaucoup sur la vie il y a longtemps.

Les pyramides d'Égypte sont des capsules témoins. Il y a plus de 4 000 ans, les pharaons égyptiens faisaient construire ces immenses tombeaux pour y être placés pour toujours, avec leurs biens, après leur mort. Aujourd'hui, les archéologues utilisent les trésors et les objets du quotidien trouvés dans les pyramides pour comprendre la vraie histoire de l'Égypte ancienne.

Parfois, les archéologues trouvent des capsules témoins «accidentelles». La ville de Pompéi, en Italie, a été ensevelie sous des cendres volcaniques il y a près de 2 000 ans lors de l'éruption du Vésuve. Les archéologues ont dégagé la ville et ont pu retracer l'histoire de la vie à cette époque, grâce à cette capsule témoin naturelle.

900
Irak
Le premier parc thématique est construit. Il comprenait des statues mécaniques d'oiseaux chanteurs et de lions rugissant.

911
Europe
Rollon, un chef viking est nommé duc de Normandie

950
Irak et Iran
Les histoires des *Contes des mille et une nuits*, y compris «Aladin» et «Ali-Baba», sont populaires.

975
Europe
Les mathématiciens utilisent les nombres 1, 2, 3, 4 au lieu de I, II, III, IV.

999
Europe
Certaines personnes sont tellement convaincues que la fin du monde arrivera en l'an 1000 qu'elles ne sèment pas en vue de la récolte de l'année suivante.

MA FAMILLE EN L'AN 2000

Une photographie montre de quoi a l'air ta famille, mais une courtepointe peut montrer comment ta famille vivait.

La chemise de travail de ton père, le maillot de soccer de ton frère et la robe de chambre de ta grand-mère peuvent être suspendus au mur et rappeler de bons souvenirs... jusqu'au prochain millénaire.

1. Place le carré de carton sur un vêtement d'un membre de ta famille. (Assure-toi encore une fois que la personne ne porte plus ce vêtement.) Trace le contour du carré avec un stylo-feutre à pointe fine. Découpe le carré de tissu. Découpe en tout 9 carrés, chacun dans un tissu différent.

2. Épingle deux carrés ensemble, l'envers sur le dessus. Fais une couture à 5 mm sur un côté.

3. Épingle un troisième carré pour obtenir une rangée de trois carrés. Fais une autre couture à 5 mm pour fixer le 3e carré.

4. Continue pour obtenir 2 autres rangées.

5. Place les rangées à l'endroit, épingle et couds ensemble celle du haut et celle du milieu. Recommence avec celle du milieu et celle du bas. Repasse les coutures pour les aplatir.

6. Fais un «sandwich» tel qu'illustré. Fais une couture tout le tour du carré, le plus près possible des bords.

tissu (l'endroit sur le dessus)

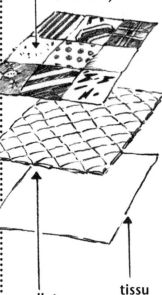

molleton

tissu uni

7. Avec la craie, dessine un motif sur la courtepointe. Fais une couture le long des lignes de craie, avec des petits points bien nets. Couds à travers les trois épaisseurs de tissu.

8. Couds le ruban à ourler tout autour du carré.

9. Couds deux boucles de ruban à ourler au haut du carré. Fais glisser le goujon ou la branchette à travers les boucles et accroche ta courtepointe à un mur.

Un art ancien

On a trouvé des courtepointes dans des tombeaux égyptiens qui remontaient à 3400 avant Jésus-Christ. Au cours des siècles, les courtepointes ont servi de couvertures, de décoration et même de rembourrage pour les armures des chevaliers.

1000

La population mondiale atteint 265 millions de personnes.

1000

Canada

L'explorateur Leif Ericsson accoste à Terre-Neuve.

1021

Europe

Une épidémie de danse de Saint-Guy balaie l'Europe. Les gens perdent le contrôle de leurs muscles, agitent leurs bras et leurs jambes et font des grimaces bizarres.

1026

Italie

Le musicien Guido d'Arezzo utilise «ut, ré, mi, fa, sol, la». Maintenant, nous utilisons «do, ré, mi, fa, sol, la, si».

1041

Chine

Une nouvelle méthode d'imprimerie avec des caractères individuels plutôt que des mots complets rend l'impression plus facile et rapide.

UN T-SHIRT DU MILLÉNAIRE

IL TE FAUT

250 ml de farine dans une bouteille de plastique souple avec un bouchon (comme une bouteille de shampooing vide)

150 ml d'eau

du papier journal

un t-shirt uni, propre

une craie de cire

de la teinture indélébile pour tissu (épaisse, pas fluide)

un pinceau

un chiffon propre

un fer à repasser

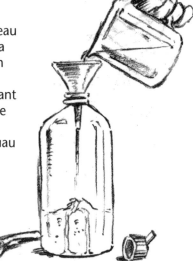

Un événement spécial mérite d'être souligné par un t-shirt. Mais que mettre sur un t-shirt du millénaire? Il te faut un symbole. Un symbole dit quelque chose sans utiliser de mots.

Partout dans le monde, on sait que le panneau hexagonal rouge veut dire «STOP». Montre aux gens ce que le nouveau millénaire veut dire pour toi en créant un symbole.

Ensuite, reproduis ton symbole sur un t-shirt. La technique proposée ressemble au batik (qui utilise de la cire chaude et de la teinture) mais elle est moins salissante.

1. Verse lentement l'eau sur la farine dans la bouteille. Verses-en un peu à la fois et mélange en secouant la bouteille. La pâte devrait avoir la consistance du gruau cuit. Mets le bouchon sur la bouteille.

2. Couvre ta surface de travail avec du papier journal et étends le t-shirt dessus.

3. Avec la craie de cire, dessine ton symbole sur le tissu. Précise le contour extérieur du symbole par une bordure.

4. Presse sur la bouteille pour faire un trait fin de pâte de farine et d'eau le long des lignes dessinées pour la bordure. Continue le long du reste des lignes qui composent le motif. Laisse sécher complètement.

5. Peins par-dessus le motif. Ne dépasse pas la bordure, mais couvre bien toute la pâte. Lorsque la peinture est sèche, enlève la pâte.

6. Couvre le symbole avec un chiffon propre et passe le fer à repasser pour fixer la peinture.

SYMBOLES ÉTRANGES

Le Canada a comme symbole la feuille d'érable, les États-Unis, l'aigle impérial. Quel symbole de la faune choisirais-tu pour l'an 2000? Les termites et les poissons peuvent pondre 2 000 œufs, certains pins vivent plus de 2 000 ans. Peux-tu penser à d'autres catégories de 2 000 éléments?

1050
Chine
Les premiers feux d'artifice éclatent.

1065
Europe
Les jeunes hommes riches apprennent l'équitation et la chevalerie dans des écoles de chevaliers.

1090
Italie
Trotula, une célèbre médecin, croit à la prévention et non à la chirurgie pour guérir ses patients.

1094
Italie
Pour la première fois, on utilise des gondoles dans les canaux de Venise.

1099
Palestine
La ville de Jérusalem est saccagée par les Croisés chrétiens et tous ses habitants sont massacrés.

1100
Europe
Pour la première fois, on construit des maisons avec des cheminées.

TON RECORD DE L'AN 2000

Quel meilleur moment pour tenter l'impossible que le nouveau millénaire? Tu pourrais te fixer un objectif personnel. Saisis l'occasion pour ramasser de l'argent pour une bonne cause. Appelle au journal de ta localité et explique que tu as l'intention d'établir un record — tu feras peut-être les manchettes!

Un «nage-o-thon» du millénaire : des jeunes recueillent 4 800 $ pour leur maison de jeunes

MONTRÉAL. Les jeunes membres d'un club de natation ont inauguré le nouveau millénaire en organisant un nage-o-thon au profit d'une maison de jeunes. Comme le déclare le responsable du club, François Lanctôt : «Les jeunes ont fait les démarches nécessaires auprès des autorités municipales responsables de la piscine, ils ont préparé les formulaires de commandite et contacté leurs parents, amis et voisins pour obtenir des commandites.» Le but était d'effectuer au total 2 000 longueurs, cinq à la fois par nageur, qui se reposait un peu avant de continuer. Bon millénaire à ces jeunes!

Une jeune fille saute à pieds joints dans le nouveau millénaire

CARLETON-SUR-MER. Annie Bernier, 10 ans, a sauté dans le nouveau millénaire à pieds joints... avec une corde à danser. Elle a commencé à 23 h 30 et accomplissait son 2 000e saut lorsque les 12 coups de minuit ont sonné. «Je me suis entraînée longtemps. J'aime bien sauter à la corde, et je me suis dit que c'était une façon amusante et bonne pour la santé de célébrer l'arrivée du nouveau millénaire.» Son frère, pour sa part, a déclaré : «J'attends l'été pour faire 1 000 heures de canot.» Il lui faudra de longues vacances pour atteindre cet objectif!

Des défis étranges

Les gens veulent parfois briser d'étranges records. Accepterais-tu de manger 50 épis de maïs ou d'apprendre à jouer de l'harmonica avec ton nez? Si l'idée d'établir un record te tente, pense à ce qui t'intéresse : un défi de lancers frappés au hockey, un marathon de sauts périlleux, un championnat d'échecs. Par exemple, on trouve dans le *Livre des records Guinness*, 14 étudiants de l'école secondaire de Hanover, au New Hampshire, qui ont joué à saute-mouton sur 1 429,2 km en un temps record : 189 heures et 49 minutes. Penses-tu que tu pourrais le faire sur 2 000 km?

1100
Europe
Les progrès de la technologie du vitrail permettent de créer du verre de couleur.

1100
Angleterre
Des étudiants se retrouvent à Oxford, qui deviendra la 1re université d'Angleterre.

1107
Chine
Le papier-monnaie est imprimé en couleurs, ce qui rend la contrefaçon plus difficile.

1139
Nigeria
Un chef igbo meurt et est enterré avec d'élégantes sculptures de bronzes créées par des forgerons locaux.

1140
France
Les médecins doivent avoir un permis pour pratiquer la médecine.

1147
Russie
La ville de Moscou est fondée.

UN FOSSILE POUR L'AVENIR

Le millénaire signifie que la Terre arrive à l'an 2000. La Terre est âgée de 4 1/2 milliards d'années, soit près de 5 millénaires. Des êtres vivants sont apparus il y a environ 570 millions d'années.

Les scientifiques savent quand et où ces créatures vivaient en étudiant les fossiles, les restes pétrifiés (transformés en pierre) de plantes et d'animaux morts il y a longtemps.

Tu peux transformer des petits morceaux de toi en fossiles dans une bouteille de plastique pour laisser ta marque dans l'histoire.

IL TE FAUT

une grande bouteille de boisson gazeuse en plastique

un couteau de dessinateur

une cuillère à soupe

du plâtre de Paris en poudre

des articles qui te décrivent (une mèche de cheveux, une dent de lait, une boule de fourrure de ton chat, une petite photo d'école, etc.)

1. Demande à un adulte de t'aider à couper le dessus de la bouteille, avec un couteau de dessinateur.

2. Verse environ 3 cm de plâtre de Paris dans la bouteille. Verse ton premier objet. Couvre-le d'une cuillerée de plâtre de Paris. Continue jusqu'à ce que tous les objets soient recouverts et termine par une couche de 3 cm de plâtre de Paris.

3. Verse lentement l'eau dans la bouteille. Donne quelques coups sur la bouteille et presse sur les côtés pour que l'eau descende au fond. Verse assez d'eau dans la bouteille pour recouvrir la dernière couche de plâtre.

La datation au carbone 14

Les fossiles sont comme des horloges. Comment les scientifiques peuvent-ils les dater?

En utilisant le carbone 14. Cette substance radioactive permet de dire l'âge de n'importe quelle chose qui a été vivante ou qui contient des traces de carbone, comme le papier, les cheveux, les dents ou les bananes. Si tu veux que ton fossile révèle quelque chose à ton sujet à un scientifique de l'avenir, ne conserve que des objets organiques

MEILLEURE AVANT L'AN 2000

UNE ROCHE ANCIENNE

Si tu trouves une roche qui semble composée de couches, tu as peut-être une roche sédimentaire. Les roches sédimentaires se forment lorsque des couches de sable se déposent au fond des mers peu profondes. Au fil des milliers d'années, les couches du fond sont écrasées par celles du haut et se transforment en pierre. Chaque couche peut être de 1 000 ans plus vieille que la précédente.

4. Laisse sécher pendant plusieurs jours. Demande à un adulte de t'aider à couper la bouteille pour révéler ton fossile. Les scientifiques de l'avenir auront de la difficulté à en trouver l'origine!

1150
France
On commence à pratiquer le jeu de paume, l'ancêtre du tennis.

1151
Chine
Les explosifs, les fusées et le gaz lacrymogène sont utilisés pendant les combats.

1174
Italie
Une magnifique tour est construite à Pise; plus tard, elle se mettra à pencher.

1179
Amérique centrale
Les Mayapans détruisent la célèbre cité maya de Chichén Itzá, les quelques survivants s'enfuient dans la forêt.

1200
Europe
On utilise pour la première fois des boutons sur les vêtements.

1200
Mexique
La gomme à mâcher devient populaire.

MESURER LE TEMPS

Es-tu capable de mesurer le temps? Il y a longtemps qu'on s'est rendu compte que chacun a une notion du temps un peu différente.

Il faut donc des unités de temps sur lesquelles tous s'entendent, comme les heures, les minutes et les secondes.

Il y a 1 000 ans, les rois et les reines allumaient des bougies pour mesurer le temps. Voici comment cela fonctionne.

IL TE FAUT

2 longues bougies de même hauteur

2 bougeoirs identiques

des allumettes

une montre

un crayon

1. Place dans 2 bougeoirs 2 bougies de même hauteur. Elles doivent être placées très droites et de même hauteur.

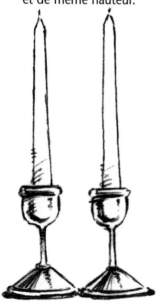

2. Demande à un adulte d'allumer une des bougies. Après une heure, éteins la flamme. Avec le crayon, trace sur la bougie non allumée une marque à la hauteur de celle qui a brûlé.

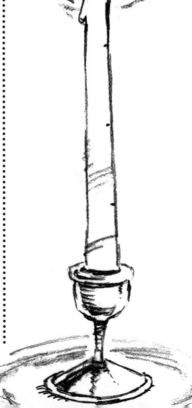

3. Rallume la bougie qui a été allumée et attends encore une heure. Trace une autre marque sur la bougie qui n'a pas été allumée. Continue jusqu'à ce que la bougie allumée ait complètement fondu. La bougie qui reste peut maintenant servir d'horloge. Tu l'allumes et, lorsqu'elle atteint la marque de la 1re heure, tu sauras que 1 heure s'est écoulée. Peux-tu aussi indiquer les quarts d'heure et les demi-heures sur ta bougie?

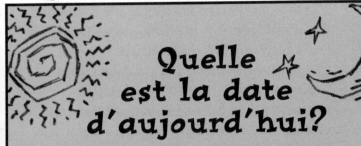

Quelle est la date d'aujourd'hui?

Comment les gens pouvaient savoir la date, avant l'invention du calendrier?

• Il y a longtemps, les gens se fiaient à la Lune pour savoir la date. Ils comptaient les jours d'une nouvelle Lune à l'autre pour établir les mois. Cependant, les cycles lunaires ne coïncident pas avec les saisons, de sorte qu'il est difficile de prédire la date des récoltes, par exemple, en se fiant seulement à la Lune.

• Il y a 5 000 ans, un Égyptien appelé Thoth a inventé un calendrier solaire. Il a divisé l'année en 12 mois de 30 jours chacun, ce qui laissait quelques jours de congé à la fin de l'année.

• Il y a 4 000 ans, des gens en Irak ont divisé la journée en heures, en minutes et en secondes. Ils ont aussi regroupé les journées en semaines, en fonction des sept jours séparant les jours de marché.

• Il y a près de 2 000 ans, Jules César a éliminé les congés de fin d'année et a réparti ces journées entre divers mois. C'est pourquoi certains mois sont plus longs que d'autres. Les Romains ont donné aux mois des noms correspondant à leurs dieux et à leurs empereurs. Juillet vient de «Julius», pour Jules (César).

• Au fil des ans, les dates et les saisons ne correspondaient plus parce que l'année solaire ne dure pas tout à fait 365 1/4 jours. Pour se rattraper, le pape Grégoire XIII a déclaré en 1582 que le 4 octobre serait suivi du 15. Nous utilisons toujours ce «calendrier grégorien» aujourd'hui.

1200
Europe
Pour la première fois, on utilise les bagues de fiançailles.

1201
Méditerranée
Un tremblement de terre catastrophique dans cette région fait 1 million de morts.

1202
Europe
Les fous du roi commencent à être engagés par la royauté.

1204
France
Aliénor d'Aquitaine, reine de France et plus tard d'Angleterre, meurt après avoir régné plus de 50 ans.

1212
Allemagne et France
Des milliers d'enfants se joignent à une croisade en Terre sainte. La plupart sont vendus comme esclaves, meurent de faim ou se noient.

1218
Asie
Le chef mongol Gengis Khan conquiert des terres dans toute l'Asie, de la Chine à l'Europe de l'est.

PAS À PAS

IL TE FAUT

un grand bout de trottoir

de la craie

1. Avec la craie, trace une marque à un endroit du trottoir et écris AUJOURD'HUI.

L'écorce terrestre rocheuse s'est formée il y a environ 3,7 millions de millénaires (soit environ 3,7 milliards d'années). L'Europe et l'Amérique du Nord se sont séparées il y a 180 000 millénaires, laissant place à l'océan Atlantique. La chaîne de l'Himalaya est apparue il y a 50 000 millénaires. Au total, l'histoire géologique de la Terre s'étend sur plus de 4,5 millions de millénaires : c'est long! L'histoire humaine est plus récente, mais elle est pourtant plus longue qu'on pourrait le penser. Un trottoir et une craie, voilà ce qu'il te faut pour voir à quel point tes origines sont lointaines.

2. Tiens-toi debout, les orteils touchant à peine la ligne, et fais un pas en avant comme si tu te mettais à marcher. À l'endroit où arrivent tes orteils, écris 1000 ap. J.-C.

3. Fais un autre pas et écris 1 ap. J.-C. Le prochain pas sera 1000 av. J.-C., puis 2000 av. J.-C., 3000 av. J.-C., etc. À chaque pas, tu recules de 1 000 ans. Continue jusqu'à ce que tu arrives à 200 000 av. J.-C. (200 pas).

4. Voici quelques dates importantes de l'histoire de l'humanité :

1000 av. J.-C. L'utilisation de notre alphabet commence à se répandre.

2000 av. J.-C. Une charrue rudimentaire est inventée.

3000 av. J.-C. La roue et la charrette sont utilisées pour le transport.

6000 av. J.-C. Du tissu est tissé pour la première fois.

7000 av. J.-C. On domestique le poulet.

10 000 av. J.-C. Des maisons sont construites avec des briques séchées au soleil.

20 000 av. J.-C. L'arc et la flèche sont inventés.

30 000 av. J.-C. On commence à porter des perles, des bracelets et des colliers.

50 000 av. J.-C. Les humains commencent à organiser des cérémonies pour enterrer leurs morts.

80 000 av. J.-C. On utilise les premières lampes de pierre.

200 000 av. J.-C. On utilise des marteaux de pierre pour fabriquer des haches de pierre.

AVANT LE MÈTRE

Les anciennes mesures étaient basées sur des parties du corps; c'était à l'époque la façon la plus commode. Le «pas» est une ancienne unité de mesure.

En voici d'autres :

- le «pouce» ou la phalangette (le bout) du pouce

- la «main» ou la distance entre quatre doigts

- la «coudée» ou la distance entre le coude et le majeur

- la «brasse» ou la distance entre les deux bras étendus

Bien que ces mesures ne soient pas absolument exactes, elles ont permis aux bâtisseurs des temps anciens de construire des monuments comme la pyramide de Chéops, qui existe toujours depuis plus de 4 millénaires.

1250
Europe
La plume d'oie est utilisée pour la première fois pour écrire.

1260
Europe
Les notes de musique écrites commencent à indiquer la durée des sons.

1262
Amérique du Nord
Après une grave sécheresse, les habitations des falaises de la Mesa Verde (Colorado) sont abandonnées.

1271
Chine
L'Italien Marco Polo arrive en Chine pour faire du commerce. Il rencontre l'empereur Kubilay Khan et découvre d'importantes inventions chinoises comme le papier-monnaie et la boussole.

1280
Allemagne
On invente le rouet.

1290
Amérique du Sud
Des ponts de corde sont construits entre les canyons des montagnes pour relier les villages.

UNE JOURNÉE ORDINAIRE

— Qu'est-ce que tu as fait de bon, aujourd'hui?
— J'ai dormi, j'ai agacé mon frère, j'ai mangé dans l'autobus, je suis allée à l'école, j'ai mangé un sandwich a midi, j'ai joué au soccer, je suis revenue, j'ai sorti le chien, j'ai grignoté une collation, j'ai regardé la télé, j'ai soupé, j'ai parlé au téléphone, j'ai fait mes devoirs et je me suis couchée.
Tu as une vie bien remplie.

Comment se passerait une journée si tu remontais il y a 1 000 ans ou si tu avançais dans 1 000 ans?

La vie d'un enfant en 1 ap. J.-C.

École : Les garçons riches vont à l'école. Les filles riches restent à la maison et font de la poterie ou de la broderie.

Repas : Raisins, olives et céréales.

Sommeil : La grande famille élargie et les serviteurs vivent sous le même toit. Heureusement que le savon a été inventé.

Loisirs : Combats de gladiateurs, lutte et gymnastique.

Corvées : Tous les enfants pauvres travaillent comme esclaves du lever au coucher du soleil dans les champs, les maisons et les rues. Certains épouillent les cheveux des hommes riches.

Vie familiale : Les hommes mènent; ils punissent ou même tuent les femmes et les enfants désobéissants.

Soucis : Être donné en pâture aux lions.

Une journée en 1000 ap. J.-C.

École : Les prêtres enseignent aux garçons riches. Les filles apprennent à la maison jusqu'à ce qu'elles se marient, vers l'âge de 10 ans.

Repas : La plupart des gens mangent des fruits et de la bouillie, avec du lait et du miel s'ils ont de l'argent. La viande est réservée aux nobles.

Sommeil : Les familles dorment à 3 personnes ou plus par chambre, avec une vache ou une chèvre.

Loisirs : Regarder un tournoi de chevalerie ou des Croisés qui défilent.

Corvées : Le dur travail dans les champs et les forêts tue la plupart des gens avant l'âge de 30 ans.

Vie familiale : Les maisons sont bondées et enfumées (les cheminées n'existent pas encore). Les parents se hâtent de marier ou de vendre leurs enfants.

Soucis : Les invasions des Vikings, les catastrophes naturelles, la peste bubonique, la fin du monde.

Une journée en 3000 ap. J.-C.

École : Plus de classes. On apprend à la maison sur Internet.

Repas : Des pilules.

Sommeil : Quatre heures dans votre machine à dormir suspendue à relaxation totale.

Loisirs : Lecture de vieux livres, comme celui-ci, et rire des prévisions.

Corvées : Des robots font toutes les tâches ménagères. On n'a qu'à fixer les commandes.

Vie familiale : On vit en solitaire dans un module spatial ou en commune avec d'autres membres de la galaxie.

Soucis : Qu'en penses-tu?

1307
Asie

Le premier archevêque catholique s'établit à Beijin, en Chine.

1315
Europe du Nord

De fortes pluies et de mauvaises récoltes causent une grande famine.

1329
Mexique

Les Aztèques commencent à construire la ville de Tenochtitlan (Mexico) à l'endroit où on a vu un aigle tenant un serpent dans son bec assis sur un cactus.

1340
Belgique

Le premier haut fourneau est construit près de Liège, permettant grâce à ses températures élevées de forger des métaux plus durs.

1340
Europe

Les gens commencent à porter des sous-vêtements de lin, et l'hygiène personnelle s'améliore.

1347-1351
Europe

Environ 75 millions d'Européens meurent de la peste bubonique.

DE 1999 À 2000

1999 va bientôt tirer à sa fin pour laisser la place à l'an 2000, dont on a tellement parlé tout au cours du XXe siècle (en imaginant souvent des scénarios plus farfelus les uns que les autres). Pourquoi ne pas faire le bilan de ton année 1999?

1999, la dernière année du 2e millénaire... une année vraiment pas ordinaire!

	Ce que tu as aimé le plus	Ce que tu as aimé le moins
Livre		
Magazine		
Bande dessinée		
Film		
Émission de télé		
Vedette de cinéma		
Vedette de la chanson		
Groupe musical		
Spectacle		
Événement sportif		
Sortie		
Restaurant		
Cadeau		
Blague		

Et n'hésite pas à ajouter tout ce qui te passe par la tête!

10, 9, 8, 7, 6, 5, 4, 3, 2, 1...
on est en 2000!

C'est le 1er janvier 2000, il est minuit. Tout le monde s'embrasse et se souhaite «Bonne année!». Un peu avant ou après, quand le calme commence à revenir, tu peux en profiter pour recueillir un véritable trésor: la signature de tous les gens qui auront célébré avec toi l'arrivée du troisième millénaire.

Le 1er janvier 2000, j'ai célébré l'arrivée du troisième millénaire avec...

_____

_____

_____

_____

_____

_____

_____

_____

_____

_____

_____

_____

_____

1350
Japon

Le shogun (chef) interdit la consommation de thé.

1363
France

La célèbre prison de Paris, la Bastille, est construite.

1390
Pays-Bas

Le patinage sur glace devient populaire.

1397
Italie

Une nouvelle carte est réalisée et présente l'Asie près de l'Europe, ce qui inspire Christophe Colomb à naviguer vers l'ouest pour trouver l'Asie, en 1492.

1400
Italie

À l'aide d'une ancienne technique hindoue, on a recours à la chirurgie pour remplacer les nez coupés.

1400
Europe

Les hommes commencent à porter des chausses (des collants).

UN SANDWICH ANTIQUE

Manges-tu des sandwichs? Savais-tu que ce mets était populaire auprès des anciens Égyptiens, au moment de la construction des pyramides. Le nom sandwich date du XVIIIe siècle, lorsque le duc de Sandwich, occupé à jouer aux cartes, a demandé à ses serviteurs de mettre de la viande entre deux tranches de pain.

En Égypte ancienne, on utilisait du pain sans levain, comme du pita. Alors prends un pita et prépare un sandwich vieux de 4 000 ans.

IL TE FAUT

un pita

un couteau

une botte d'oignons verts

de la laitue, du concombre, de l'ail, du yogourt nature et du fromage cottage

1. Coupe le pita en deux pour faire deux «enveloppes» de sandwich.

2. Coupe les racines et la partie verte des oignons verts. Émince le reste des oignons verts et mets-les dans un des demi-pitas. C'était la façon favorite de manger le pita, à l'époque.

3. Ajoute les ingrédients que tu veux parmi la liste ci-dessus. C'était ce que les ouvriers qui ont construit les pyramides mangeaient.

Finis ton assiette!

En 1000 ap. J.-C., les gens mangeaient leurs repas sur des tranches de pain qu'ils mangeaient aussi. On donnait les tranches qui restaient aux domestiques, aux pauvres et aux chiens.
Essaie un jour de manger du ragoût sur une tranche de pain.

DU PAIN ET DES BACTÉRIES

Les gens jettent généralement le pain moisi, mais les anciens Égyptiens avaient une meilleure idée. Ils l'appliquaient sur les blessures pour aider la guérison. En 1928, le Dr Alexander Fleming étudiait une dangereuse bactérie dans son laboratoire. Par accident, son spécimen a été exposé à la moisissure. Il a remarqué que la bactérie ne croissait pas là où il y avait de la moisissure. Il venait de découvrir la pénicilline, un médicament qui combat les infections bactériennes.

1400
Belgique

Les peintres utilisent de la peinture à l'huile au lieu de la peinture à la tempera (un mélange d'œufs et de colorant). La peinture à l'huile craquelle moins que la peinture à la tempera.

1402
Turquie

Tamerlan de Samarcande défait le sultan de Turquie. Il fait une pyramide de têtes humaines et oblige le sultan à lui servir de tabouret.

1416
Pays-Bas

Les filets dérivants sont utilisés pour la pêche.

1431
France

Jeanne d'Arc, qui a commandé l'armée française, est brûlée par les Anglais sur un bûcher pour sorcellerie.

1434
Portugal

Des marins naviguent vers le sud le long des côtes de l'Afrique et découvrent que les mers du sud ne sont pas pleines de monstres et d'eau bouillante, comme on le croyait.

1448
Allemagne

Johannes Gutenberg réinvente la presse à imprimer et les caractères mobiles. (Voir l'an 1041 pour l'invention originale.)

COMBIEN ÇA VAUT?

Les archéologues qui fouillent dans les vies des gens de l'antiquité se réjouissent lorsqu'ils découvrent une pièce de monnaie. On peut y trouver des informations cruciales comme une date, le nom du chef du pays, des données sur le commerce, les voyages et l'agriculture, et même les dieux qui étaient adorés. Un peu comme une puce électronique, une pièce de monnaie contient beaucoup d'informations.

Pour souligner le millénaire, conserve une série de pièces émises en 2000. Ta collection sera un trésor. Elle peut même prendre de la valeur dans l'avenir.

1. Dispose une série de pièces sur le carton. Trace le contour de chaque pièce. Trace une rangée identique sous la première.

2. Avec l'aide d'un adulte, coupe le long du contour des pièces.

3. Place le feutre sur le carton et place chaque pièce au bon endroit. Taille le feutre aux dimensions de la boîte et colle le au fond.

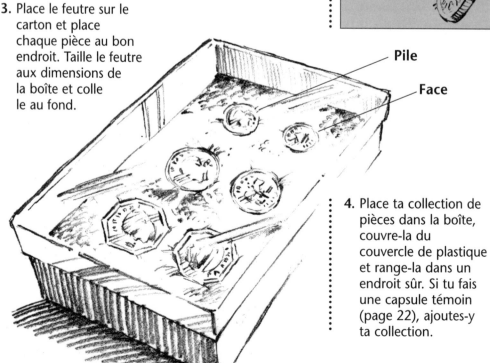

Pile

Face

4. Place ta collection de pièces dans la boîte, couvre-la du couvercle de plastique et range-la dans un endroit sûr. Si tu fais une capsule témoin (page 22), ajoutes-y ta collection.

42

La monnaie sous toutes ses formes

Des scalps d'oiseaux, des dents de chiens, des coquillages, des plumes, des hameçons, des briques de thé comprimé et même du bétail ont été utilisés comme monnaie au cours des millénaires.

Voici d'autres exemples.

* En Nouvelle-France, vers 1685, on utilise des cartes à jouer en guise de monnaie.

* Les soldats romains étaient souvent payés avec de la pâte à pain.

* En 1887, un Américain nommé Edward Bellamy avait prédit qu'en l'an 2000 les gens n'auraient plus besoin de monnaie. Tout le monde aurait des cartes émises par le gouvernement et estampillées à chaque achat.

* La supercarte est la dernière nouveauté en matière de cartes de crédit. Elle contient une puce qui entrepose tous les renseignements sur une personne. On peut l'utiliser pour acheter un disque ou pour savoir quand on doit recevoir sa prochaine injection contre les allergies.

1450
Allemagne
Les premières lunettes pour myopes sont fabriquées.

1477
Transylvanie
Vlad IV, surnommé Dracula, meurt au combat. Sa cruauté envers les prisonniers a donné naissance à la légende du comte Dracula.

1485
Angleterre
La légende des aventures du roi Arthur est imprimée.

1493
Antilles
Christophe Colomb cueille des plants de tabac pour rapporter en Espagne.

1497
Canada
Giovanni Cabotto (ou Jean Cabot) atteint la côte est du Canada et en prend possession au nom de l'Angleterre.

1500
Chine
Wan Hu meurt en expérimentant une machine volante faite d'une chaise munie d'une fusée propulsée par de la poudre à canon.

DES JEUX ANCIENS

Tu as 26 000 points. Soudain, une erreur de manœuvre et tu perds la partie. En as-tu assez de te faire battre par une machine? Essaie donc les osselets, un jeu inventé il y a plus de 1 000 ans. Piles non requises. Il te faut seulement une petite balle et 5 os nettoyés et séchés (ou des noyaux de fruit).

POUR COMMENCER

Pour déterminer qui commence, lance les cinq osselets dans les airs et attrapes-en le plus possible sur le dos de ta main. Ensuite, les joueurs relancent ceux qu'ils ont ramassés et essaient de les rattraper dans leur paume. Le joueur qui en rattrape le plus commence. Puis il essaie de les ramasser un par un. S'il réussit, il essaie par deux, troix, quatre et cinq pour terminer par la finale. Son tour est terminé lorsqu'il échoue une manœuvre. Le joueur qui réussit le plus de manœuvres gagne.

UN PAR UN

Lance les osselets sur le sol. Lance la balle dans les airs, prend un osselet et attrape la balle après son premier bond. Utilise seulement une main pour prendre les l'osselet et attraper la balle. Fais passer l'osselet dans ton autre main et continue jusqu'à ce que tu aies attrapé les cinq osselets.

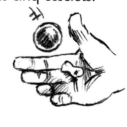

PAR DEUX, TROIS, QUATRE ET CINQ

Attrape deux osselets à la fois, puis trois et ainsi de suite, jusqu'à ce que tu aies attrapé les cinq osselets d'un seul coup.

LA FINALE

Lance les osselets sur le sol. Lance la balle dans les airs, attrape un osselet, frappe-le sur le sol et attrape la balle après son premier bond. Continue jusqu'à ce que tu aies attrapé les cinq osselets. Maintenant, joue par deux, trois, quatre et cinq en frappant sur les osselets deux fois, trois fois et ainsi de suite. Si tu as laissé tombé un osselet, tu as perdu.

Dés
Grèce, 1000 av. J.-C.

Dominos
Égypte, 3500 av. J.-C.

Cartes
Chine, 600 ap. J.-C.

Échecs
Inde, 600 ap. J.-C.

Dames
Europe, 1000 ap. J.-C.

Dames
Europe, 1000 ap. J.-C.

Jacquet
Perse, 30 ap. J.-C.

Fléchettes
Scandinavie, 1000 ap. J.-C.

1500
Angleterre
Le crayon à mine noire est inventé.

1503
Europe
Invention du mouchoir.

1508
Italie
Michel-Ange commence à peindre le plafond de la Chapelle Sixtine.

1512
Italie
Michel-Ange termine cette œuvre.

1520
Angleterre
Le roi d'Angleterre Henri VIII construit son propre jeu de quilles.

1520
Espagne
Le chocolat arrivé du Mexique fait son entrée en Europe.

1534-1535
Canada
Jacques Cartier découvre le Labrador et remonte le Saint-Laurent jusqu'à Québec et Montréal.

LA MUSIQUE DU MILLÉNAIRE

Quelle musique écoutaient les gens il y a 1 000 ou 2 000 ans? Certains instruments anciens ont survécu et paraissent sur des illustrations de gens qui en jouaient. Nous pouvons ainsi imaginer les sons qu'ils produisaient. L'un de ces instruments anciens est la flûte de Pan, fabriquée il y a au moins 3 000 ans en Chine, au Pérou et en Grèce.

Elles étaient faites de tiges creuses comme le bambou, mais tu peux t'en faire une avec des pailles. Lorsque tu en joueras, tu entendras des sons qu'on entendait il y a très longtemps.

1. Fixe les pailles avec du ruban-cache, tel qu'illustré.

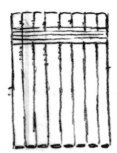

2. Place le dessus des pailles sur ta lèvre inférieure. Souffle directement au-dessus des pailles, et non dedans. Entends-tu un son grave ressemblant à celui d'un sifflet?

3. Maintenant, accorde les tuyaux de ta flûte. Commence à gauche, pince le bas de la 1re paille et souffle par le dessus. Rectifie le point où tu pinces jusqu'à ce que tu obtiennes une note grave et précise. Coupe la paille juste sous l'endroit où tu pinçais et bouche le bas avec de la pâte à modeler. Continue avec les autres pailles jusqu'à ce que tu obtiennes les notes d'une gamme.

Depuis quand?

Depuis toujours, les gens chantent.
As-tu déjà chanté «Au clair de la lune»?

Savais-tu que c'est le musicien italien
Jean-Baptiste Lully, engagé à la cour de France,
qui l'a composé au XVIIᵉ siècle?

Quelle était ta berceuse préférée,
quand tu étais tout jeune?
«La poulette grise», peut-être?

4. Quelles mélodies peux-tu jouer avec ta flûte de Pan?

1553
Suisse
Michael Servetus, qui a le premier décrit comment le sang circulait dans le corps humain, meurt sur un bûcher à cause de ses croyances religieuses.

1572
Pays-Bas
Pendant une guerre en Espagne, on utilise pour la 1ʳᵉ fois des pigeons voyageurs.

1580
Europe
On invente les poches dans les pantalons des messieurs.

1596
Angleterre
Le premier cabinet de toilette est installé dans le palais royal. (La reine ne l'utilisait pas parce qu'elle en avait peur et le trouvait trop bruyant.)

1600
Angleterre
William Shakespeare a écrit 20 pièces de théâtre.

L'HISTOIRE D'UNE POUBELLE

Un animal domestique?

Une télévision miniature?

Du jus énergisant?

Un cure-oreilles?

Imagine la Terre dans plusieurs millénaires. Un gros vaisseau spatial atterrit. Les visiteurs intergalactiques découvrent un dépotoir. Quelle trouvaille! Ils commencent leurs recherches. Quels déchets les renseignent à notre sujet?

On peut découvrir beaucoup de choses au sujet d'une civilisation en examinant ce qui en reste. Il y a 4 000 ans, les habitants de la ville de Troie jetaient des aliments et des poteries brisées sur le plancher. Lorsque le plancher était plein d'ordures, ils mettaient par-dessus une couche d'argile.

Après environ 100 ans, le plancher d'une maison pouvait avoir monté de 1,5 m, et il fallait construire un nouveau plafond et de nouveaux cadres de portes. Les couches d'ordures scellées dans l'argile donnent des indices sur le mode vie des gens de l'époque.

Qu'est-ce que nos détritus raconteront aux générations futures? Personne ne le sait. Mais nous savons qu'il y en aura beaucoup à examiner.

L'Américain du Nord moyen jette 1,8 kg de détritus par jour. Au bout d'un an, cela donne assez d'acier pour fabriquer un réfrigérateur, assez de nourriture pour 300 repas et assez de verre pour faire une bouteille par bouteille jetée. La plupart de ces déchets finissent au dépotoir, où on ne les verra plus jamais.

C'est ce qu'on croit, mais en fait, les spécialistes qui étudient les dépotoirs disent que les déchets ne disparaissent pas. Ils sont écrasés par couches exactement comme les roches se forment par couches. Chaque couche contient l'histoire compacte d'un moment, avec la date exacte de la couche sur les journaux qui y sont mélangés.

En fouillant dans les dépotoirs, ces spécialistes ont trouvé des hot dogs bien préservés datant des années 60, des annuaires téléphoniques

Un satellite endommagé?

Un polissoir à poignée de porte?

Des aliments diète?

des années 30 (malodorants mais toujours lisibles) et même un évier de cuisine fabriqué en 1955. Il faut le voir (et le sentir) pour le croire.

En explorant ce dépotoir avec nos visiteurs intergalactiques, peux-tu trouver quels objets auraient pu être recyclés? Peux-tu trouver des façons de réutiliser certains d'entre eux pour les Terriens et aussi pour les voyageurs intergalactiques?

LES 4 R - LA CLÉ DU SUCCÈS

Ne laisse pas de déchets inutiles qui mêleraient les futurs spécialistes. Plutôt :

* **RÉDUIS** : achète seulement ce qu'il te faut. Utilise moins et choisis des choses qui durent.

* **RÉUTILISE** : donne les vêtements usés et les vieux jouets. Apporte tes propres sacs à l'épicerie et achète des produits dans des contenants retournables ou remplissables.

* **RECYCLE** : les bouteilles, les pots, les conserves, le papier fin, les journaux, les déchets de jardinage, le compost et les contenants de plastique sont tous recyclables.

* **REFUSE** : trouve des solutions de rechange aux produits de nettoyage toxiques et corrosifs. N'achète pas des produits qui ont trop d'emballage.

1609
Tchécoslovaquie
Johann Kepler suggère que les planètes tournent autour du Soleil, et non autour de la Terre.

1610
Italie
Galilée observe le ciel nocturne dans un télescope et signale que Jupiter a des lunes et Saturne, des anneaux.

1614
États-Unis
Pocahontas (Matoaka) épouse John Rolfe.

1620
États-Unis
Des colons arrivent à bord du *Mayflower*.

1626
France
Le duel est déclaré punissable de mort.

1649
Angleterre
Le roi Charles I est décapité.

À PIED DANS LE TEMPS

Depuis des millénaires, les gens ont utilisé ce qu'ils avaient en abondance pour fabriquer des chaussures. Les premières sandales étaient faites d'écorce et d'herbes tissées.

Dans les pays plus froids, les gens enveloppaient leurs pieds dans de la fourrure. Au cours des deux derniers millénaires, la plupart des chaussures étaient faites de cuir — la peau des animaux qu'on mangeait.

De quoi seront faites les chaussures du prochain millénaire? Récupère de vieilles chaussures bonnes à jeter et transforme-les en pantoufles neuves.

IL TE FAUT

des ciseaux solides ou un couteau de dessinateur

une vieille paire de chaussures d'adultes (demande la permission avant de les utiliser, car tu devras les découper)

une paire de vieilles chaussettes

de la colle à tissu

une agrafeuse

du fil et une aiguille

des décorations comme des boutons, de petits jouets ou des lanières à boucles

1. Découpe les semelles des chaussures, puis taille-les aux dimensions de tes pieds. Demande l'aide d'un adulte si tu utilises un couteau de dessinateur.

2. Colle les vieilles chaussettes sur les semelles. Agrafe la chaussette tout le tour de la semelle, pour solidifier.

3. Couds des décorations pour personnaliser ta création.

TROUVER CHAUSSURE À SON PIED

On porte des chaussures pour protéger nos pieds. Mais pourquoi y a-t-il eu tant de modèles inconfortables, au cours des 3 000 dernières années?

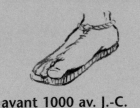

avant 1000 av. J.-C.

ap. J.-C.

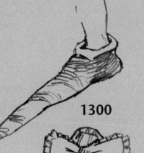

1300

1500

1600

1700

XVIIIe siècle

années 1990

ANNÉES 1650

Allemagne

Les expériences de Otto von Guericke avec le vide prouvent que les animaux ont besoin d'air pour survivre.

1665

Angleterre

Isaac Newton élabore la théorie de la gravité et dit plus tard qu'il a été inspiré par la chute d'une pomme. Il découvre aussi que la lumière blanche est faite d'un mélange de couleurs.

1670

Europe

On ajoute aux montres l'aiguille des minutes.

1670

Angleterre

Aphra Behn commence sa carrière en écriture. Elle devient la première Anglaise à gagner sa vie en écrivant.

1677

France

La crème glacée devient populaire.

1680

Île Maurice

L'oiseau appelé «dodo» s'éteint.

1698

Russie

On exige un impôt des hommes qui portent la barbe.

NOUVEAU ET AMÉLIORÉ

Héron utilisait des poids, des roues dentelées, des siphons et d'autres trucs pour l'aider à réaliser ses exploits.

Bernie Yeung (11 ans) a inventé le «crayon lumineux» en fixant une lampe de poche à son crayon : il peut écrire dans son journal la nuit.

Teresa et Mary Thompson (8 et 9 ans) ont inventé un teepee chauffé à l'énergie solaire.

Qu'ont en commun les choses suivantes?

* une machine distributrice dans laquelle on insère de la monnaie

* une machine à vapeur miniature

* les orgues à eau et les orgues à soufflerie

* une porte automatique

* une alarme contre les voleurs

Tous ces dispositifs ont été inventés comme effets spéciaux pour étonner les gens dans les cinémas ou les églises. Et tous ont été inventés par Héron d'Alexandrie, né il y a près de 2 000 ans en Égypte. Plus tard, les inventeurs ont emprunté ses idées et les ont adaptées à la vie de tous les jours.

Aujourd'hui, les cinéastes créent des effets spéciaux comme la réalité virtuelle, le son numérique et l'infographie. Et encore une fois, des gens comme les médecins, les enseignants, les athlètes et les pilotes trouvent des façons intéressantes de les utiliser dans la vie de tous les jours.

Peux-tu créer une invention pour le nouveau millénaire? Bien des enfants l'ont fait. Voici des trucs pour t'aider à faire fonctionner ton invention.

Katie Harding (5 ans) a fixé une lampe de poche à son parapluie pour voir les flaques d'eau quand il fait noir.

Comment aller chercher ce qui reste au fond d'un pot de beurre d'arachide? Jim Wollin (14 ans) a inventé un pot qui s'ouvre aux 2 bouts.

* Pense à un objet de tous les jours, comme un pot de beurre d'arachide, une boîte à lunch ou un crayon.

* Réfléchis à ce qui t'ennuie dans cet objet. Comment le faire fonctionner mieux? Fais une liste de toutes tes idées — même les plus bizarres.

* Pour résoudre ton problème, y a-t-il des idées que tu peux emprunter à des inventions existantes?

* Choisis la meilleure idée, mais ne jette pas la liste. Tu pourras la consulter plus tard.

* Fabrique une maquette et fais-en l'essai. Elle ne fonctionnera peut-être pas du premier coup.

* Observe si elle fonctionne ou non. Comment l'améliorer?

* Ne lâche pas : pense aux autres idées de ta liste. Peuvent-elles t'aider? Il peut falloir plusieurs essais pour obtenir une bonne invention.

1709
Italie
Le piano est inventé.

1714
France
On invente la seringue chirurgicale.

1714
Allemagne
Gabriel Fahrenheit invente un thermomètre au mercure pour mesurer la température. L'échelle Celsius (ou centigrade) est inventée 28 ans plus tard par Anders Celsius.

1729
Allemagne
L'horloge à coucou devient populaire.

1736
Pérou
Un naturaliste français en visite observe un «arbre qui pleure» — un hévéa (arbre à caoutchouc) dont la sève coule.

1749
États-Unis
Benjamin Franklin teste un paratonnerre sur son toit.

DANS L'AVENIR

Allume ton télécommunicateur personnel et demande un taxi spatial. En une seconde, un bip se fait entendre au quai d'atterrissage de ton module spatial. Tu entres dans le taxi spatial et parles à l'ordinateur de navigation à reconnaissance vocale. «Chez Sylvie!» Pendant le trajet, des mini-hélicoptères, des vaisseaux-papillons et d'autres taxis sans chauffeurs passent près de toi à la vitesse supersonique. Tu n'as pas le temps de boucler ta ceinture : tu es déjà chez Sylvie.

Va-t-on voyager ainsi pendant le prochain millénaire? Si oui, il faut que la technologie fasse des pas de géant. Le plus grand problème est le combustible. Les combustibles fossiles, comme l'essence, s'épuisent, et les solutions comme les énergies solaires ou éoliennes et l'hydrogène sont toujours expérimentales.

Il y a 1 000 ou 2 000 ans, le combustible n'était pas un problème. On voyageait surtout par bateaux à voiles. Les boussoles aidaient les marins à s'orienter.

IL TE FAUT

un petit aimant

une aiguille

une épingle

un bout de fil de 10 cm de long

un crayon

un petit verre

1. Aimante l'aiguille en frottant un bout de l'aimant le long de l'aiguille. Donne des coups d'aimant sur l'aiguille environ 30 fois. Si l'aiguille réussit à faire coller l'épingle, elle est magnétisée.

2. Noue une extrémité du fil au milieu de l'aiguille. Noue l'autre extrémité au milieu du crayon.

3. Place le crayon par-dessus le bord du verre, de sorte que l'aiguille pende librement à l'intérieur. Assure-toi que le verre est sur une surface plane. L'aiguille pointera dans la direction nord-sud.

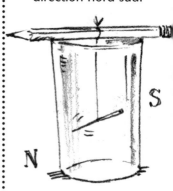

La liste du voyageur

1000 ap. J.-C.	2000 ap. J.-C.
sandales de cuir	chaussures de sport
eau dans une gourde de cuir qui fuit	bouteille de jus vitaminé
une croûte de pain noir	sac à dos remplis de collations nutritives
ta propre voix	lecteur de DC portable et DC favoris
crier du haut des collines	téléphone cellulaire
comment se sortir d'une tempête	abri dans un restaurant minute
pistes de terre battue	trottoirs
trouver l'étoile polaire	vérifier la carte
insolations et coups de soleil	casquette et écran solaire

1751
France
La première grande encyclopédie est publiée.

1764
Autriche
Wolfgang Amadeus Mozart écrit sa première symphonie à l'âge de 8 ans.

1775
États-Unis
La Révolution américaine commence par la chevauchée de Paul Revere.

1776
Angleterre et États-Unis
Les États-Unis se déclarent indépendants de l'Angleterre.

1779
France
Antoine-Laurent Lavoisier trouve un nom pour un gaz : l'oxygène.

1792
Angleterre
Mary Wollstonecraft écrit un livre demandant pour les femmes des droits égaux à l'éducation.

1796
Angleterre
Edward Jenner crée un vaccin contre la varicelle, une maladie contagieuse redoutée.

PRÉDIS TON AVENIR

Imagine ce dont tu auras l'air en 2050... Tu seras plus âgé que tes parents le sont maintenant. Qu'est-ce que l'avenir te réserve? Écris tes prédictions et mets-les dans une enveloppe sur laquelle tu inscris : «Ne pas ouvrir avant 2050». Entrepose l'enveloppe dans un endroit sûr, comme un album de photos de famille ou une boîte de trésors familiaux.

Ensuite, en 2050, tu ouvriras l'enveloppe et tu verras si tes prédictions étaient exactes.

* Où vais-je habiter?

* De quoi ma chambre aura-t-elle l'air?

* Quel sera mon travail?

* Est-ce que j'aurai des enfants? Si oui, quel sera leur prénom?

* Où vais-je aller en vacances? Sur la Terre, sur la Lune?

* Comment vais-je voyager?

* Quelle sera ma collation favorite?

* Quels seront mes passe-temps?

DIS LA BONNE AVENTURE

Veux-tu connaître ton avenir en te fiant au hasard? Essaie ce jeu et tu verras ce que l'avenir te réserve.

1. Trace un pentagone (une figure à 5 côtés). Sur un des côté, inscris les mots manoir, appartement, station spatiale et hutte.

2. Sur les autres côtés du pentagone, inscris : quatre noms de conjoint(e)s possibles (selon que tu es un garçon une fille), quatre nombres, quatre modes de déplacement et quatre endroits. Maintenant, tu obtiens 5 catégories, une le long de chaque côté du pentagone.

3. Pour jouer, choisis un nombre entre 1 et 20. Supposons que tu choisis 15. En commençant par manoir comme numéro 1, appartement comme numéro 2 et ainsi de suite, compte 15 mots. Fais une croix sur le 15e mot sur lequel tu as atterri. Recommence avec le prochain mot et compte jusqu'à 15. Fais une croix sur le 15e mot. Continue jusqu'à ce qu'il ne reste plus qu'un mot par catégorie.

4. Découvre ton avenir : «En 2050, je vivrai dans une hutte avec Luc et 11 enfants, et je voyagerai en camionnette jusqu'à Saturne.»

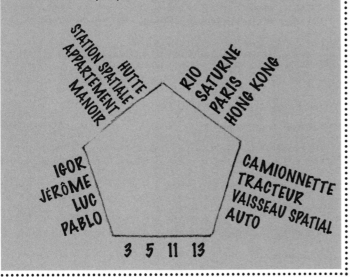

1811
Angleterre
Mary Anning (11 ans) découvre le premier fossile complet d'un ichtyosaure, une créature ancienne qui vivait dans la mer et ressemblait à un requin.

1819
Suisse
Une usine produit la première tablette de chocolat.

1820
Antarctique
Le continent de l'Antarctique est aperçu pour la première fois.

1839
Écosse
Kirkpatrick Macmillan invente la bicyclette.

1842
Angleterre
Charles Darwin présente pour la première fois sa théorie sur l'évolution des espèces, et Richard Owens invente le mot «dinosaure».

1846
États-Unis
Pour la première fois, on joue au baseball selon les règles modernes.

1849
États-Unis
On invente les jeans.

UNE CYBERFÊTE

Si tu as un ordinateur relié à Internet, tu peux célébrer le millénaire dans le cyberspace. Explore des sites au sujet du millénaire et envoie des messages à des gens célèbres ou à des gens qui habitent très loin. Avant de cybercélébrer, demande à la personne qui paie les factures la permission de le faire. Cela coûte des sous pour utiliser Internet. Lorsque tu as la connexion, fais preuve de bon sens. N'inscris jamais ton nom et ton adresse au complet ou d'autres informations personnelles sans demander la permission à tes parents. Et si tu vois des choses qui te rendent mal à l'aise, quitte simplement le site.

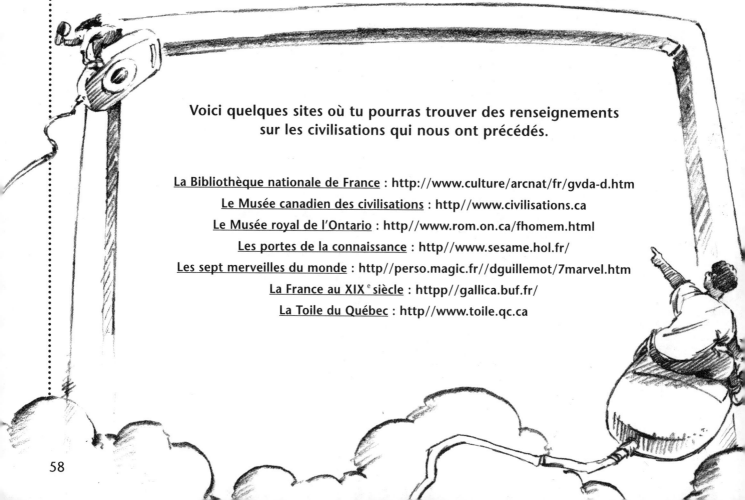

Voici quelques sites où tu pourras trouver des renseignements sur les civilisations qui nous ont précédés.

La Bibliothèque nationale de France : http://www.culture/arcnat/fr/gvda-d.htm

Le Musée canadien des civilisations : http//www.civilisations.ca

Le Musée royal de l'Ontario : http//www.rom.on.ca/fhomem.html

Les portes de la connaissance : http//www.sesame.hol.fr/

Les sept merveilles du monde : http//perso.magic.fr//dguillemot/7marvel.htm

La France au XIXe siècle : httpp//gallica.buf.fr/

La Toile du Québec : http//www.toile.qc.ca

Courrier millénairélectronique

Tu peux envoyer des messages électroniques
à des gens que tu ne connais pas...
Regarde dans les journaux et les magazines
pour obtenir les adresses électroniques
de champions sportifs, de musiciens
ou de vedettes du cinéma et de la télévision.
Tu peux aussi te renseigner sur la littérature
pour la jeunesse produite ici en consultant
le site de Communication-Jeunesse
(http://pages.infinit.net/livrocj);
tu y trouveras une foule de renseignements
sur les auteurs et les illustrateurs.
Échange des adresses avec tes amis.

Navigue sur Internet

Consulte les sites fournis à la page 58.
Les adresses électroniques changent
souvent, alors si tu ne trouves pas
un des sites, cherche le mot-clé souligné
dans le nom.

1853
États-Unis
Le chef George Crum sert les premières croustilles.

1854
Russie
Florence Nightingale et son équipe prouvent la
valeur de bons soins infirmiers pendant la guerre de
Crimée, dans un hôpital crasseux infesté par les
rats.

1866
Suède
Alfred Nobel invente la dynamite. Plus tard, Nobel
donne l'argent que lui rapporte son invention pour
créer les prix Nobel attribués chaque année.

1876
États-Unis
Alexander Graham Bell fait le premier appel
téléphonique.

1877
États-Unis
Thomas Edison invente le phonographe, l'ancêtre
de la table tournante. Par la suite, il invente
l'ampoule électrique et la caméra de cinéma.

1896
Grèce
Début des premiers Jeux olympiques modernes.

1897
France
Marie Curie étudie le radium et gagne plus tard un
prix Nobel pour ses travaux.

DES CADEAUX DE L'AVENIR

Va dehors. Que vois-tu? Des maisons, des pelouses, des voitures? Il y a 2 000 ans, tu aurais marché dans une forêt de chênes géants, sur un tapis de mousse, et tu aurais vu un élan s'éloigner, vif comme l'éclair. Pourquoi ne pas créer un jardin de plantes qui ont déjà poussé naturellement là où tu vis? Ton jardin pourra attirer de petits animaux, des oiseaux et des insectes. C'est un magnifique cadeau du millénaire que tu peux donner à la Terre!

Voici comment recréer un jardin naturel :

1. Va à la bibliothèque pour découvrir quelles plantes poussaient là où tu vis, il y a 1 000 ou 2 000 ans.

2. Regarde autour de toi pour trouver des exemples vivants de plantes que tu as trouvées dans ta recherche. Recueilles-en les graines.

Graines d'herbes et de fleurs

Laisse les graines sécher sur la tige, puis recueille-les en les frottant entre tes doigts. Plante-les au printemps ou à l'été.

Graines d'arbres et d'arbustes qui perdent leurs feuilles à l'automne

Recueille les fruits mûrs, mais ne retire pas les graines à l'intérieur. Plante les fruits entiers dans ton jardin, à l'automne.

Le fruit du chêne : le gland.

Le fruit de l'érable : la samare.

Graines de conifères

Ramasse des cônes non ouverts et place-les dans une poêle au soleil. La chaleur fera sortir les graines.

Commence à l'intérieur : avec un clou, perce des trous au fond d'une boîte de conserve. Place quelques cailloux au fond et remplis la boîte de terre. Plante une graine par boîte à environ 1 cm de profondeur et place la boîte dans une soucoupe près d'une fenêtre (mais pas directement au soleil). Arrose pour que la terre soit humide mais pas détrempée, de sorte que la pousse sorte. Au printemps, plante tes pousses à l'extérieur.

LA FAUNE MENACÉE

Pour les milliers d'espèces du monde entier qui sont menacées, le nouveau millénaire pourrait être une autre étape vers l'extinction ou, avec de l'aide, une étape dans une nouvelle direction. Chacun de nous peut faire la différence. Le style de vie que tu choisis peut aider à préserver l'habitat de la faune. Consulte les «4 R» à la page 49 et vois ce que tu peux faire.

1903
États-Unis
Les frères Wright réalisent le premier vol réussi en avion — qui dure 12 secondes.

1912
Océan Atlantique
Le Titanic heurte un iceberg et coule. Plus de 1 500 personnes périssent.

1926
Angleterre
La première émission de télévision présente un ventriloque et ses deux poupées qui «parlent».

1928
États-Unis
Walt Disney fait la voix de Mickey dans le premier dessin animé sonore.

1939
Europe
Début de la Deuxième guerre mondiale.

1948
Angleterre
Le premier ordinateur capable de stocker un programme est bloqué lorsqu'un insecte entre à l'intérieur. Comme ce mot se dit «bug» en anglais, de là vient l'expression «bogue» informatique.

TON CADEAU POUR L'AVENIR

Beaucoup de belles choses sont survenues au cours des deux derniers millénaires. Certaines des personnes qui ont contribué au changement étaient des scientifiques, des artistes, des personnalités politiques, des guerriers, des artisans de la paix ou des penseurs. Mais bien de ces choses ont été réalisées par des gens ordinaires qui ont uni leurs efforts.

Terry Fox en est un exemple. Terry n'était pas une célébrité. C'était un jeune homme ordinaire qui s'est fait amputer la jambe droite 15 cm au-dessus du genou à cause d'un cancer des os. Terry a décidé de courir à travers le Canada pour recueillir des fonds pour la recherche sur le cancer. Il n'a jamais fini sa course, parce que le cancer l'a emporté. Mais chaque année depuis sa mort en 1981, des gens font une course à sa mémoire et ont recueilli des millions de dollars pour la recherche sur le cancer.

Le millénaire est une bonne occasion de chercher une cause à laquelle TU crois. Voici trois organismes que tu peux aider en recueillant de l'argent. Il existe aussi de nombreux autres organismes qui ont besoin d'argent et de bénévoles.

* La Croix-Rouge internationale aide les familles après des catastrophes comme les ouragans, les inondations, les tremblements de terre, les famines et les guerres. Communique avec la société de la Croix-Rouge de ta localité pour en savoir plus sur son fonds d'aide ou consulte le site international http://www.icrc.org

*L'UNICEF améliore le sort des enfants des pays défavorisés grâce à de nombreux projets comme la construction d'écoles ou le creusage de puits

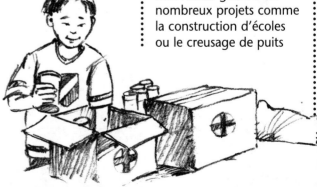

RÉSOLUTIONS DU JOUR DE L'AN POUR L'AN 2000

Au jour de l'an, les gens prennent des résolutions pour bien commencer l'année. Comme le jour de l'an d'un nouveau millénaire est un événement qui n'arrive qu'une fois par 1 000 ans, pourquoi ne pas prendre une résolution extra-spéciale pour un meilleur avenir de notre monde? Pense à des résolutions que tu peux prendre pour aider l'environnement et les autres êtres humains.

* Ramasse 2 000 pièces de monnaie à donner à un organisme de conservation de la faune.

* Dis à ta sœur ou à ton frère «Tu es super!» au lieu de critiquer.

* Dis «non» aux emballages de surplus. Fais du recyclage!

* Accueille les nouveaux élèves qui arrivent à l'école.

* Va voir tes grands-parents plus souvent.

* Apporte ton aide lors d'une vente de charité pour aider des gens en détresse.

---

pour avoir de l'eau potable. Communique avec le bureau de l'UNICEF de la grande ville la plus proche ou consulte le site http//www.unicef.org

*WWF (World Wildlife Fund), un groupe international de conservation, a lancé une campagne du millénaire intitulée *La Campagne WWF 2000*. Le WWF veut sauver la faune et les régions sauvages pour les générations à venir et pour la Terre. Communique avec le bureau national du WWF pour savoir ce que tu peux faire pour aider, ou consulte le site international http://www.panda.org

1957
URSS
Le premier satellite, Spoutnik-1, est lancé.

1967
Afrique du Sud
Le premier patient ayant subi une transplantation cardiaque survit 18 jours.

1969
Neil Armstrong marche sur la Lune.

1989
Afrique du Sud
Helen Suzman quitte le parlement sud-africain. Pendant de nombreuses années, elle avait été la seule députée à s'opposer publiquement aux lois racistes du pays.

1990
Allemagne
Le mur de Berlin est détruit, et pour la première fois depuis 45 ans, l'Allemagne de l'Est et l'Allemagne de l'Ouest sont réunies.

1997
Mars
Un véhicule robotisé de la mission Pathfinder de la NASA se pose pour étudier la surface de la planète.

2000
La population de la Terre dépasse les 6 milliards d'habitants.

INDEX

Animaux, 21, 27, 35, 41, 43, 47, 50, 51, 55, 57, 60-61, 63

Architecture et arts, 5, 17, 27, 29, 31, 35, 37, 41, 45, 47, 58

Argent, 19, 20, 29, 35, 42-43, 51, 59, 62-63

Banderoles, 10

Batik, 26-27

Bénévolat, 62-63

Boussole, 20, 35, 54

Calendrier, 5, 6-7, 15, 33

Capsule témoin du passé, 22-23

Catastrophes, 15, 23, 33, 35, 36, 37, 61, 62

Chaussures, 7, 50-51, 55

Collecte de fonds, 28, 62-63

Collection de pièces de monnaie, 42

Communications, 8-9, 18-19, 47, 54, 59, 61 (voir aussi Livres)

Correspondants, 18-19

Courrier électronique, 9, 58-59

Courtepointe, 24-25

Dates, 5, 15, 31, 33, 34-35 (voir aussi Ligne de changement de date)

Décennie, 4

Déchets, 48-49, 50

Découvertes, 41, 48-49, 51, 53, 55, 57, 59

Écriture, 7, 18-19, 20-21, 35, 45, 47, 51, 55

Éducation, 1, 25, 27, 29, 36-37, 55, 63

Environnement, 48-49, 60-61, 63

Espace, 21, 37, 58, 63

Explorateurs, 21, 25, 35, 41, 43, 45, 57, 63

Famille, 24, 36-37

Fête, 4, 6-7, 10-13, 19, 38-39 *** à voir

Flûte de Pan, 46-47

Fossiles, 30-31

Géologie, 34

Globe terrestre, 16-17

Gouvernement, 15, 33, 55, 63

Guerres, 21, 27, 31, 37, 41, 43, 47, 61, 62

Horloge, 13, 31, 32, 51, 53

Imprimerie, 19, 21, 25, 29, 41, 43

Internet, 9, 37, 58-59, 62-63

Inventions, 5, 7, 9, 13, 17, 20, 21, 25, 35, 36, 41, 43, 45, 52-53, 54, 57, 59, 63

Jardin, 21, 60-61

Jeux, 14, 15, 44-45, 57

Journal, 20-21

Langue, 19, 35

Lettres, 18

Ligne de changement de date, 17

Livres, 7, 11, 17, 19, 21, 23, 37, 41, 43, 55

Lois, 15, 49, 63

Loisirs, 23, 33, 36-37, 52, 59, 61 (voir aussi Jeux, Musique et Sports)

Lumières, 13

Lune, 33, 49, 63

Maisons, 27, 35

Mathématiques, 11, 17, 23

Médecine, 7, 11, 15, 17, 25, 27, 29, 36, 37, 41, 43, 47, 53, 55, 59, 62, 63

Mesure, 13, 19, 32, 35, 53

Millénogrammes, 8

Miniglobes, 16

Mirlitons, 11

Musique, 13, 19, 25, 35, 46-47, 53, 55, 59

Nourrirure, 5, 7, 11, 12, 23, 31, 35, 36-37, 40-41, 43, 45, 47, 48-49, 51, 55, 57, 59

Ordinateur, 9, 37, 42, 43, 52, 58-59, 61, 63 (voir aussi Internet)

Pain, 40-41, 43

Plantes, 27, 43, 46, 50, 53, 60-61

Population, 5, 25, 63

Prédire l'avenir, 56-57

Records, 28-29

Recyclage, 49, 50, 63

Religion, 15, 17, 47

Repères dans le temps, 34-35

Résolutions, 63

Sandwich, 40

Science, 7, 9, 30-31, 34, 41, 47, 49, 51, 53, 55, 57, 59, 61 (voir aussi Inventions et Médecine)

Soleil, 17, 33

Souhaits, 8, 9, 18

Sports, 5, 9, 13, 28-29, 31, 36, 37, 45, 57, 58, 59

Symboles, 26-27

Temps, 4, 5, 12, 13, 17, 22-23, 30-35

Terre, 16-17, 30, 34, 49, 60

Transport, 5, 7, 9, 21, 27, 35, 36-37, 43, 47, 54, 61, 63

Vêtements, 7, 9, 11, 31, 37, 47, 50-51, 55, 57

Voyages, 27, 35, 36-37, 41, 42, 43, 49, 54-55, 63